Paula in Paris

Ein Kunst- und Reisebuch *für alle ab 5*

Text Hartwig Dingfelder

Bilder Tidian Camara

Paula in Paris

Ein Kunst- und Reisebuch *für alle ab 5*

Inhalt

Die Kunsthallenschnecke sagt: HALLO!

Ich bin die Kunsthallenschnecke **KLARA**.
Warum eine kleine Schnecke wie ich in einem Museum wohnt?
Weil ich mich hier rundum wohlfühle: Die Kunsthalle Bremen ist ein wunderschönes, altes Haus. Und jeden Tag kommen viele Kinder in die Kunsthalle!

Sie schauen sich gemeinsam mit mir, mit ihren Eltern oder Lehrerinnen und Lehrern die vielen bunten, prächtigen Bilder an.

HALLO

4

Natürlich mag ich diese Bilder selber gerne: Jeden Tag entdecke ich etwas Spannendes auf ihnen.

Besonders gern mag ich, was eine junge Künstlerin mit dem schönen Namen 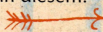 gemalt hat.
Bilder in kräftigen Farben und einfachen Formen, so wie in diesem:

Eigentlich hatte Paula einen längeren Namen:

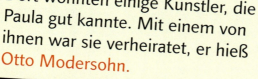

Ich nenne sie aber meistens nur bei ihrem Vornamen.
Auch für die Leute in Bremen ist sie wie eine gute Freundin, weil dort so viele ihrer Bilder in den Museen hängen.

Paula lebte und arbeitete ganz in der Nähe von Bremen – in dem kleinen Dorf Worpswede.
Dort wohnten einige Künstler, die Paula gut kannte. Mit einem von ihnen war sie verheiratet, er hieß Otto Modersohn.

Mädchen im Birkenwald
mit Katze

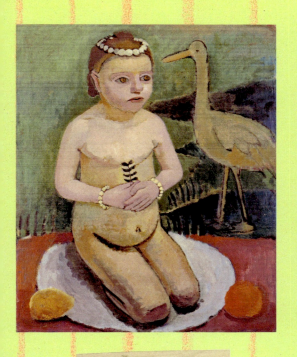

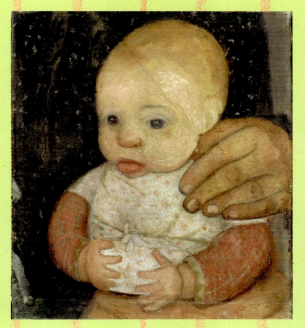

*Kniender Mädchenakt
mit Storch*

*Säugling mit
der Hand der Mutter*

Paula malte in ihren Bildern viele Kinder und oft auch Tiere.
Diese gefallen mir besonders gut. Ob es Dir genau so geht?
Vielleicht bekommst Du es beim Betrachten dieses Buches
heraus.

Auf den nächsten Seiten kannst Du
sie noch besser kennen lernen, denn:

Wir reisen ZUSAMMEN auf
Paulas Spuren nach PARIS

Kennst Du den **Eiffelturm?**

Er ist das Wahrzeichen von **PARIS**. Paris findest Du auf der Landkarte immer leicht – es ist die Hauptstadt **FRANKREICHS.**

Stell Dir vor, Du bist auf dem Pariser Bahnhof **GARE DU NORD** angekommen (das heißt auf Deutsch *Nord-bahnhof*). Du siehst viele, viele Menschen und hörst viele verschiedene Sprachen vor den Cafés und auf den Gehwegen.

Und viele Autos, die über die Straßen zwischen den prächtigen, alten Häusern flitzen und laut hupen. Es geht halt alles
ein bisschen schneller und wilder zu als in Bremen, Hamburg
oder Berlin.

In PARIS findest Du aber auch kleine, ruhige STRÄßCHEN und grüne PARKS.

Weil Paris so lebendig und schön ist, wollen viele Menschen
dorthin. Gerade Künstler haben sich in Paris immer wohl-
gefühlt. Und nicht nur Franzosen – auch Künstler aus *Italien,
Amerika oder Deutschland* reisten nach Paris.

Warum das so war?
Es malte sich dort einfach
besonders gut: Die Künstler
konnten sich mit anderen
Künstlern über ihre eigenen
Bilder unterhalten. Sie konnten
in verschiedenen Malschulen
üben und auch ein bisschen
voneinander abgucken. Und
sie konnten sich die zahllosen
Bilder in den vielen Galerien
und Museen anschauen –
besonders im LOUVRE, dem
größten Museum der Welt.

Louvre

Paula in Paris – wie war das vor 100 Jahren

Paula machte es genau so. Insgesamt vier Mal reiste sie nach Paris, fast jedes Mal für mehrere Monate.
23 Jahre war Paula alt, als sie das erste Mal mit dem Nachtzug in Paris ankam – AM 1. JANUAR 1900.

So viel anders als heute sah Paris vor 100 Jahren gar nicht aus. Als Paula dort am Nordbahnhof aus dem Zug ausstieg, sah sie draußen vor dem Bahnhof die gleichen prächtigen Häuser und breiten Straßen, die Du heute dort bewundern kannst.

PLAPPER
KLAPPER
RUMPEL

CHOCOLAT MENIER
POUR CROQUER
SA TABLETTE
"RIALTA"
POUR CROQUER

Auf den Straßen gab es natürlich viel weniger Autos: Dafür war das **KLAPPERN** von Pferdehufen und das **RUMPELN** von Kutschenrädern auf dem Kopfsteinpflaster zu hören. Und auch wenn es noch keine Handys gab – das **PLAPPERN** der Leute war sicherlich ebenso laut wie heute.

SALUT

Doch warum fuhr Paula eigentlich nach Paris?

Schließlich kannte sie ja schon einige Künstler in Worpswede – hätte sie sich nicht genauso gut mit denen über ihre Bilder unterhalten können?

11

Wo kommt Paula her?

Paula wollte immer etwas Neues kennenlernen. Sie begeisterte sich für Kunst, die ungewöhnlich war. Das war auch der Grund dafür, dass sie 1899 nach Worpswede gezogen war: Die Bilder der Künstler in Worpswede fand Paula besonders schön und lebendig. Vor allem mochte sie die Malerei von OTTO MODERSOHN.

PAULA

Vor ihrem Umzug nach Worpswede hatte sie mit ihrer Familie in Dresden, ihrer Geburtsstadt, und in Bremen gewohnt. Auch Paulas Eltern liebten Kunst. Sicher waren sie mit Paula und ihren Geschwistern Milly, Herma und Henner auch ins Museum gegangen. Paula hatte schon früh viele großartige Kunstwerke kennengelernt. Sie durfte sogar teuren Zeichen- und Malunterricht nehmen.

Paula liebte die Worpsweder Landschaft und die Menschen, die dort lebten: Das Teufelsmoor (so heißt die Gegend um Worpswede) und die Dorfbewohner (vor allem die Worpsweder Kinder) malte sie gern und oft.

Je besser sie Worpswede, die Worpsweder Maler und ihre Bilder kennenlernte, desto neugieriger wurde Paula auf noch ungewöhnlichere Kunst. Sie wusste, dass sie die nur in Paris kennenlernen würde.

was erlebte Paula in Paris?

In den ersten Tagen fand Paula das „RIESEN RIESEN PARIS" (so nannte sie es) sogar ein bisschen zu groß und lebhaft.

Wie würdest Du Dich fühlen – das erste Mal weit weg von zu Hause, in einem fremden Land?

An ihre Eltern in Bremen schrieb Paula: „Ich habe hier ein scheußliches Ameisengefühl". Was denkst Du, was sie damit gemeint hat? Erinnerst Du Dich noch, was Du vorhin über Paris gelesen hast?

15. Jan.

Ich habe hier ein scheußliches Ameisengefühl Paula

Fam

Zum Glück war ihre beste Freundin
Clara Rilke-Westhoff zu Besuch in Paris.
Auch Clara war eine Künstlerin, eine
Bildhauerin. Sie malte also nicht,
sondern formte Figuren aus Stein,
Ton oder Gips.

So hat CLARA Paula in GIPS geformt

PAULA

MUSEUM

Zusammen übten die beiden Zeichnen
und besuchten die Pariser Museen.
Mit der Zeit gewöhnte sich Paula an die
Großstadt und es gefiel ihr dort immer
besser. Paula entdeckte in Paris viele
ungewöhnliche, leuchtende Bilder:

Becker

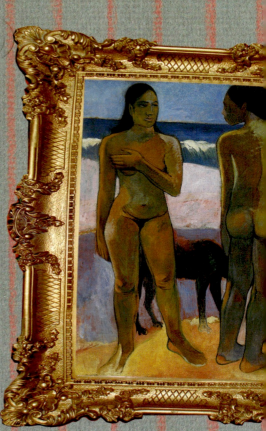

Paul Gauguin
*2 Tahitianerinnen
am Strand*

Vincent van Gogh
Marcelle Roulin

Paul Cézanne
Stillleben mit Birnen

Paul und Paula

Paula entdeckte Bilder von Menschen, von Früchten und Landschaften in leuchtenden, kräftigen Farben und einfachen Formen. Sie liebte diese Kunstwerke.

Die Bilder des Malers *Paul Cézanne* hatten es Paula besonders angetan.

Paul Cézanne

Steingutkrug

Fällt Dir auf, wie kräftig das Rot und Grün der Äpfel ist? Vielleicht siehst Du auch, dass der Tisch, auf dem die Äpfel und der Krug stehen, etwas schief gemalt ist.

Genau das gefiel Paula: Auf den Bildern von Paul Cézanne geht es bunt und lebhaft zu und nicht so gerade und ordentlich, wie auf älteren Bildern.

Vergleiche einmal Pauls Bild mit diesem alten Bild aus der Kunsthalle Bremen. Auch hier hat der Maler einen Tisch mit Essen gemalt.

Paul Cézannes Bilder begeisterten Paula so sehr, dass sie sich für ihre eigenen Bilder ein bisschen von seinen kräftigen Farben und schiefen Tischen abschaute. Aber sie malte nicht ab – schau Dir ihr *Stillleben mit Porzellanhund* an: Die Orangen und Zitronen und der Tisch darunter sehen ähnlich aus wie auf Paul Cézannes Bildern. Doch der lustige Hund und die Blume im Topf sind *„echt Paula"*.

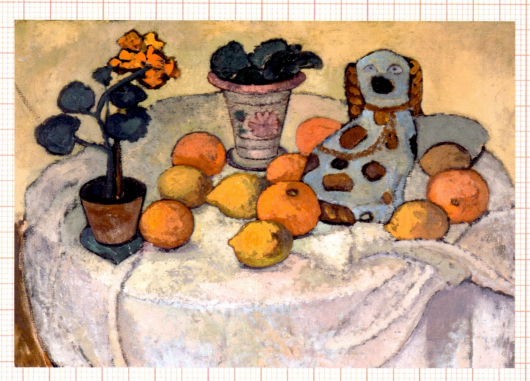

Paula Modersohn-Becker
Stillleben mit Porzellanhund

Paula und die Mumienbildnisse

Im Louvre, dem großen Museum in Paris, entdeckte Paula auch andere, ganz besondere Bilder: MUMIENBILDNISSE Weißt Du, was Mumienbildnisse sind? Vielleicht hast Du schon von Mumien gehört: In ÄGYPTEN wurden vor über 1000 JAHREN Könige und andere wichtige Leute nicht einfach nur begraben, wenn sie gestorben waren. Ihre Körper wurden mit duftenden ÖLEN und HARZEN bearbeitet und in Stoffbinden eingewickelt. So blieben sie vollständig erhalten.

Manchmal wurden die Gesichter der Verstorbenen auf Holztafeln gemalt. In Ägypten hingen diese Bilder aber nicht an der Wand, sondern wurden zusammen mit den Mumien eingewickelt. Erst viele hundert Jahre später kamen die Mumienbildnisse ins Museum.

Paula war begeistert von der Malerei der alten Ägypter. Auch hier fand sie wieder diese einfachen Formen, die sie so liebte. Die großen Augen hatten es ihr besonders angetan.

24

Vergleiche einmal das alte Bild einer ägyptischen Frau auf der vorherigen Seite mit diesem Bild, das Paula von sich selbst malte.

Paula & Picasso

Nicht nur die Bilder von Paul Cézanne oder die Mumienbildnisse waren wichtig für Paula und für ihre Malerei. Viele
andere Maler begeisterten Paula: Zwei Bilder von den
berühmten Künstlern Vincent van Gogh und Paul Gauguin
konntest Du auf Seite 20/21 sehen.

Auch diese Künstler malten in einfachen Formen. Und auch
sie liebten, wie Paula und Paul, kräftige Farben. Blättere doch
noch einmal zurück und schau Dir die grüne Wand hinter dem
dicken Babykopf an und den orangefarbenen Sand, auf dem
der Hund und die beiden nackten Frauen stehen.

Ein anderer Künstler, der so ähnlich malte wie Paula, ist **PABLO PicASSo**. Er kam aus Spanien und wohnte in Paris.
Er ist einer der berühmtesten Künstler des 20. Jahrhunderts. Als Paula in Paris war, vor ungefähr **100 JAHREN**, war er aber noch nicht so bekannt.

Viele Gesichter auf Picassos Bildern ähneln denen, die Paula malte. Auf den ersten Blick fällt Dir das vielleicht nicht auf. Aber probier doch mal Folgendes:

Ohren ohne Schnörkel

1 Schau Dir Deinen Kopf in einem Spiegel an.

2 Vergleiche dann Dein Gesicht mit dem von Paula gemalten Kopf (LINKS) und mit dem Bild von Pablo Picasso (RECHTS).

Anders als auf Deinem Kopf sind zum Beispiel die Haare
in Paulas und in Picassos Bildern nicht einzeln zu erkennen.
Die Frisuren bestehen hier aus farbigen Formen.

Genauso die Ohren: Siehst Du die vielen kleinen Schnörkel,
aus denen Deine Ohren bestehen? Bei Paula und bei Picasso
besteht ein Ohr nur aus einer halbrunden Form – ganz ohne
Schnörkel.

Wieso kannst Du erkennen, dass es Ohren sind?
Weil sie an der gleichen Stelle zu finden sind
wie an Deinem Kopf auch.

Zu faul zum Malen?

Man könnte nun denken, dass Paula und Picasso zu faul waren, die schwierigen Ohrenschnörkel zu malen. Oder konnten sie vielleicht gar keine Schnörkel malen?

Ganz bestimmt hätten sie gekonnt und sicher waren sie auch nicht zu faul: Paula und auch Picasso WOLLTEN die Bilder so einfach wie möglich malen.

Genau damit zeigten die beiden, wie gut sie malen konnten – ein Kopf, der eigentlich nur aus einfachen Formen besteht, und trotzdem wie ein Kopf aussieht.

Von Picasso guckte sich Paula aber wahrscheinlich nichts ab: Picasso malte seine Köpfe und Figuren, die aus einzelnen Formen zusammengesetzt sind, später als Paula. Es ist wahrscheinlich so, dass die beiden die GLEICHEN IDEEN hatten.

Was nahm Paula mit zurück nach Deutschland?

Hast Du Dir schon einmal etwas aus dem Urlaub mitgenommen? Vielleicht Muscheln oder Tannenzapfen?

Wahrscheinlich hast Du auch Bilder mit nach Hause gebracht. Vielleicht Bilder aus dem Fotoapparat, aber ganz bestimmt Bilder in Deinem Kopf.
Paula ging es genau so. Die vielen Bilder, die sie in Paris gesehen hatte, blieben ihr im Gedächtnis.

Du hast in diesem Buch sehen können, dass Paula sich ein bisschen von den Bildern der berühmten Pariser Maler und der alten Ägypter abgeschaut hat.

worpswede

Die Erlebnisse in Paris und die vielen Bilder in ihrem Kopf waren für sie so schön und wichtig, dass sie auch beim Malen zu Hause in Worpswede immer wieder an sie dachte.

Vielleicht geht es Dir auch einmal so, dass ein bestimmter Ort, an den Du gereist bist oder noch reisen wirst, eine ganz besondere Bedeutung bekommt – so wie Paris für Paula.

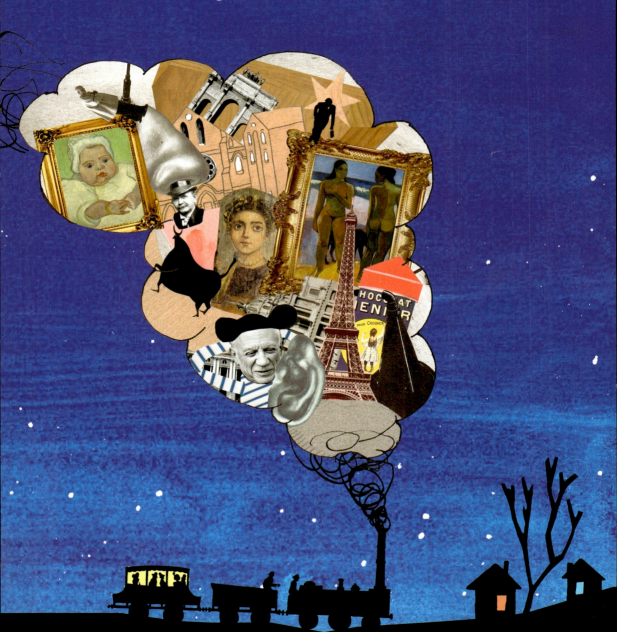

Biografie – Paulas Leben

Weil es in diesem Buch vor allem um Paulas Reisen nach Paris ging, findest Du hier noch die wichtigsten Stationen aus ihrem Leben:

 Am 8. Februar 1876 kam Paula in Dresden auf die Welt. Die Familie zog 1888 nach Bremen, weil der Vater dort eine bessere Arbeit fand.

1892, mit 16 Jahren, nahm Paula den ersten Zeichenunterricht bei einem Bremer Maler.

Zwischen 1893 und 1895 hatte Paula kaum noch Zeit zum Malen und Zeichnen: Sie machte eine Ausbildung in einer Bremer Schule für Lehrerinnen.

1895 sah Paula in einer Ausstellung in der Kunsthalle Bremen Bilder der Worpsweder Maler – sie war begeistert.

Im Frühling 1896 ging Paula nach Berlin in die Zeichen- und Malschule des „Vereins der Berliner Künstlerinnen".

Nach ihrer Zeit in Berlin zog Paula im Herbst 1898 nach Worpswede. Besonders gut verstand sie sich mit Clara Rilke-Westhoff und mit der Familie Modersohn – mit Otto, Helene und ihrer kleinen Tochter Elsbeth.

In der Silvesternacht 1900 reiste Paula zum ersten Mal nach Paris. Otto Modersohn und seine Malerkollegen Heinrich Vogeler und Fritz Overbeck besuchten sie.
Dann aber passierte etwas Schlimmes: Helene, Ottos Frau, starb in Worpswede – die drei Männer fuhren zurück nach Deutschland. Paula folgte ihnen etwas später.

Im September 1900 verlobten sich Paula und Otto heimlich, im Mai 1901 heirateten die beiden.

1903 bis 1905 reiste Paula wieder nach Paris. 1906 fuhr sie zum vierten Mal dorthin. Paula wollte nun in Paris bleiben und sich von Otto trennen. Otto wollte aber mit Paula zusammenbleiben. Deshalb besuchte er sie 1906 zwei Mal.

Im Frühling 1907 kamen Otto und Paula zusammen nach Worpswede zurück. Paula war schwanger.

Am 2. November 1907 kam Paulas und Ottos Tochter Mathilde zur Welt. Die beiden Eltern waren überglücklich. Doch durch das lange Liegen nach der Geburt bekam Paula eine Embolie – das ist eine gefährliche Krankheit. Am 20. November starb Paula mit nur 31 Jahren.

Obwohl Paula so jung starb, malte sie viele Bilder, die heute in großen MUSEEN hängen.

Mehr über Paula und die Welt der Kunst

Hat Dir dieses Buch über Paula Spaß gemacht? Wenn Du über Paula und viele andere Künstler weiterlesen möchtest, wird Dir und Deiner Familie auch das große *Kunst Buch* der Kunsthalle Bremen gefallen. Und auch nach der Ausstellung *Paula in Paris* kannst Du Paulas Bilder und viele andere Kunstwerke in der Kunsthalle Bremen sehen. In unseren Kinderführungen und Kinderwerkstätten und in meinem Audioguide für Kinder lernst Du die Welt der Kunst immer besser kennen. Ich freue mich schon darauf, Dir bald wieder in der Kunsthalle Bremen HALLO zu sagen!

600 Jahre Kunst (nicht nur) für Kinder
Kunsthalle Bremen

Hachmann*edition*

Abbildungsverzeichnis

Abb. S. 5/25
Paula Modersohn-Becker,
Selbstbildnis vor grünem Hintergrund mit blauer Iris,
um 1905,
Öl auf Leinwand,
40,7 x 34,5 cm,
Kunsthalle Bremen –
Der Kunstverein in Bremen

Abb. S. 6
Paula Modersohn-Becker,
Mädchen im Birkenwald mit Katze, um 1904,
Öl auf Leinwand, 99 x 81,5 cm,
Kunstsammlungen Böttcher-straße, Bremen

Abb. S. 7
Paula Modersohn-Becker,
Kniender Mädchenakt mit Storch, 1906/07,
Öl auf Leinwand auf Hartfaser,
73,5 x 60 cm,
Bahlsen KG, Hannover

Abb. S. 7
Paula Modersohn-Becker,
Säugling mit der Hand der Mutter, um 1903,
Öl auf Leinwand,
31,3 x 26,7 cm,
Kunsthalle Bremen –
Der Kunstverein in Bremen

Abb. S. 12
Otto Modersohn,
Herbst im Moor, 1895,
Öl auf Leinwand, 80 x 150 cm,
Kunsthalle Bremen –
Der Kunstverein in Bremen

Abb. S. 14/15
Paula Modersohn-Becker,
Mond über Landschaft,
um 1900,
Öl auf Pappe, 42 x 55,5 cm,
Paula Modersohn-Becker-Stif-tung, Bremen

Abb. S. 16
Paula Modersohn-Becker,
Worpsweder Bauernkind auf einem Stuhl sitzend, um 1905,
Öl auf Leinwand, 90 x 60 cm,
Kunsthalle Bremen –
Der Kunstverein in Bremen

Abb. S. 17
Paula Modersohn-Becker,
Tanzende mit Musikanten,
um 1901,
Öl auf Pappe auf Holz,
34,6 x 53,5 cm,
Paula Modersohn-Becker-Stiftung, Bremen

Abb. S. 19
Clara Rilke-Westhoff,
Porträt Paula Modersohn-Becker, 1899,
Gips, Sockel getönt,
46,5 x 42 x 36,5 cm, davon
Sockel: 9 x 42 x 26 cm,
Paula Modersohn-Becker-Stiftung, Bremen

Abb. S. 20
Vincent van Gogh,
Marcelle Roulin, 1888,
Öl auf Leinwand,
35,5 x 24,5 cm,
Van Gogh Museum, Amsterdam

Abb. S. 20
Paul Gauguin,
*Zwei Tahitianerinnen am
Strand*, 1891/94,
Öl auf Leinwand,
90,8 x 64,8 cm,
Honolulu Academy of Arts

Abb. S. 21
Paul Cézanne,
Stillleben mit Birnen, um 1885,
Öl auf Leinwand, 38 x 46 cm,
Wallraff-Richartz-Museum,
Köln

Abb. S. 22
Paul Cézanne,
Steingutkrug (Pichet de grès),
1893/94, Öl auf Leinwand,
38,5 x 46 cm,
Fondation Beyeler,
Riehen/Basel

Abb. S. 22
Pieter Claesz,
Stillleben, 1647,
Öl auf Eichenholz, 50,7 x 71,1 cm
Kunsthalle Bremen –
Der Kunstverein in Bremen

Abb. S. 23
Paula Modersohn-Becker,
Stillleben mit Porzellanhund,
1906/07,
Öl auf Leinwand, 65 x 90 cm,
Landesmuseum für Kunst und
Kulturgeschichte, Oldenburg

Abb. S. 24
Ägyptisch,
Porträt einer jungen Frau,
100–130 n. Chr.,
Erlangen, Archäologische
Sammlung der Universität

Abb. S. 28
Paula Modersohn-Becker,
Brustbild Lee Hoetger,
1906, Öl auf Papier auf
Pappe, 41 x 28 cm,
Privatbesitz, Bremen

Abb. S. 28
Pablo Picasso,
Büste einer Frau, Paris,
Herbst 1908,
Gouache auf Papier,
62,5 x 47 cm,
Landesmuseum Mainz
© Succession Picasso/
VG Bild-Kunst, Bonn 2007

Impressum

Dieses Kinderkunstbuch erscheint anlässlich der Ausstellung *Paula in Paris.*
Paula Modersohn-Becker und die Kunst in Paris um 1900,
Kunsthalle Bremen, 13. Oktober 2007 bis 24. Februar 2008.

Der Kunstverein in Bremen
Vorsitzer: Georg Abegg

Kunsthalle Bremen
Direktor: Wulf Herzogenrath

Ausstellung:
Anne Buschhoff in Zusammenarbeit mit Henrike Holsing

Buchkonzeption und Texte:
Hartwig Dingfelder

Buchillustrationen und -gestaltung:
Tidian Camara, Berlin

Verlagslektorat:
Petra Leineweber, Aachen

Herstellung:
Hachmann*edition* | *print*

Verlag:
Hachmann*edition*

© 2007 Der Kunstverein in Bremen,
Hartwig Dingfelder und Hachmann*edition*

2. Auflage

ISBN 978-3-939429-38-8